महव-ए-तसव्वुर

Radhika Jadhav

BookLeaf
Publishing

India | USA | UK

Presentation by *BookLeaf Publishing*

Web: www.bookleafpub.com

E-mail: info@bookleafpub.com

ISBN: 9789363312142

First edition 2024

शीशे के हर टुकड़े में मुझे नज़र आई है शक्ल बस मेरी
था आईना खुदगर्ज़ मेरा, या बस मैं ही थी दुनिया में मेरी?

तो क्या होता

हम यहां के नहीं होते, तो क्या होता
यहां ये सब नहीं होता, तो फिर क्या होता

सच ही मानते रहे हम हर शय को यहां
ना होती ज़मीन गर, तो आसमान क्या होता

ढूंढते रह गए थे हम ता-उम्र किसका निशाँ
होता नहीं सूरज कोई, तो अँधेरा क्या होता

बेखुदी में हमने क्यों बचाए रक्खा दामन को
जलती नहीं शमा कोई, तो परवाना क्या होता

हसरतों से बनता रहा यहाँ वजूद अपना
ना होता कोई रहगुज़र, तो ठिकाना क्या होता

होने, न होने में फ़र्क है सिर्फ़ ज़रा-सा
'होना' न होता अगर, तो फिर भला क्या होता

गुबार

भर ली जो एक गहरी साँस तो गुबार याद आया
मौसम-ए-दिल को ज़िंदगी का क़ारोबार याद आया

उड़ चले थे फ़ैलाये हुए परों को आसमान में तो
पैरों को अपनी ज़मीन का दारोमदार याद आया

खो रही थीं आँखें दीदार-ए-यार के भंवर में जिस पल
पढ़ा था कलमा जिससे उस पीर का मज़ार याद आया

आसान राह बनी सड़कों पे जो चल दिये दो क़दम
पत्थरों में दफ़्न अरमानों का वो क़याम याद आया

हर तजुरबा ज़िंदगी का बन गया मामूल जब
धड़कनों की रवानी को मौत का मक़ाम याद आया

रात

ये रात बुन रही है कहानी मेरी
हूँ ज़िंदा जब तलक चले रवानी मेरी

बेअसर हैं दवाओं भरा वो मरहम
के हर इक ज़ख़्म है रूहानी मेरी

कहूँ किसी से मैं बात फ़िर नई क्या
है याद उनको दास्तां ज़ुबानी मेरी

मिट जाए जब जहान से अहले हस्ती
रहेगी ये कहानी बनकर निशानी मेरी

करले 'नसीम' दुआ अपने ख़ुदा से
रिहा कर दे इस क़ैद से ज़िंदगानी मेरी

लफ़्ज़ों की कहानी

हर लफ़्ज़ की अपनी इक कहानी होती है
उम्रभर उसकी मग़र बस तर्जुमानी होती है

सदियों से हो रहा हर लफ्ज़ बस इस्तेमाल यहां
पर उसकी भी तो मुक़म्मल इक निशानी होती है

घुल जाए हवाओं में फिर भी मिटते नहीं अल्फ़ाज़
लफ़्ज़ों के मिलने पर ही ज़िंदगी की रवानी होती है

नहीं मिटाई जा सकती आवाज़ें हर्फ़ों की यहाँ
के ख़ामोशी भी तो लफ़्ज़ों की दीवानी होती है

बने कौन किसका बता सहारा यहां ऐ ख़ुदा
लफ़्ज़ों के ही ज़रिए तो बयाँ हर कहानी होती है

ऐतबार रात का

दिन में चलता दुनियादारी का कारोबार है
हर किसी को मगर यहाँ रात का इंतज़ार है

वीरान सा दिखता है हक़ीक़त का ये जहाँ
तसव्वुर के पहलू में होती रात गुलज़ार है

उजाले में रहती है जो गुमसुम ये चांदनी
रात को नज़र से करती इश्क़ का इज़हार है

रहती है मुरझाई-सी दिनभर रात की मलिका
ख़ुशबू पर उसकी सिर्फ रात का इख्तियार है

जागते रहना नहीं फ़ितरत में जहान की
हर जागती शय को बस नींद का इंतज़ार है

पनपता हैं उजालों का ख़ौफ़ ज़हन में 'नसीम'
छोड़के न जाएगी, मुझे रात का ऐतबार है

क्यों?

न जाने दिल में ये अनकहे ख़याल क्यों हैं
आखिर इन आँखों में इतने सवाल क्यों हैं?

तय ही है एक दिन हर शय का मिट जाना
एक बुत के टूटने से ज़माना बेहाल क्यों है?

खुशियाँ तो छलकती ही हैं हर सूँ दुनिया में
छलकता एक आंसू करता यूं कमाल क्यों है?

कमी नहीं जहान में गुनाहगारों की फिर भी
किसी की एक ख़ता पर इतना मलाल क्यों है?

हर ओर है फैला शोर ना- क़ाबिल-ए-बर्दाश्त
मेरी एक आवाज़ पर उठा ये बवाल क्यों है?

जल रहें हैं चिराग़ घर-घर में 'नसीम'
मेरे घर ही में जलती इक मशाल क्यों है?

धुंद

धूप और छाँव के खेल से परे कहीं बसने दो
लिए बोझल आंखों को मुझे यूँ ही चलने दो
....मुझे धुंद में रहने दो

महसूस होता है एक ठहराव सा भीड़ में
मुझको मेरी तन्हाई की लहरों में बहने दो
....मुझे धुंद में रहने दो

होती है हर बार शोर-ओ-गुल में घुटन सी
खामोशी में ज़रा साँसे तो अपनी गिनने दो
....मुझे धुंद में रहने दो

करना नहीं बयान ये दर्द-ओ-ग़म मुझको
देख-देख आईना यूँही आंखों से कहने दो
....मुझे धुंद में रहने दो

मिलता नहीं सुकून दीवारों में 'नसीम'
ताबूत में सही, थोड़ा चैन फरमाने दो
....मुझे धुंद में रहने दो

जिये जा रहे हैं

मुक़द्दर की लहरों में बहे जा रहे हैं
था किस्मत में जीना, जिये जा रहे हैं

संभलना न आया हमें अपने दम पर
घूंट मेहरबानियों के पिये जा रहे हैं

मिला ना सकें उनकी नज़रों से नज़रें
जिनको साँसों में अपनी लिए जा रहे हैं

चैन देता नहीं हैं कोई एक मंज़र
खोजते हम सुकूँ को चले जा रहे हैं

रूह छलनी है जिस्म घायल है इतना
ज़ख्मों होठों से हम अब सिये जा रहे हैं
...बस जिये जा रहे हैं

ऐ ज़िंदगी...

मैं अदना सा एक रेज़ा, तू कुदरत की हैं अज़मत
तेरी रहमत हर ज़र्रे पर, तुझसे मेरी भी बरक़त

मैं चलती हूँ डर-डर कर, बहते रहना तेरी फ़ितरत
तुझे छूकर गुज़रे सदियाँ, मेरी दो लमहों की सोहबत

देती तू भर भर खुशियां, शरमाए तुझसे शोहरत
मैं पलभर की मुसाफ़िर, तुझे रोक न पाए क़यामत

चाहूँ तुझसे कुछ ज़्यादा, बस इतनी हैं मेरी हसरत
तेरे दमपर चलती साँसे, रखना मुझको तू सलामत

ऐ क़ायनात की मलिका, बस इतनी-सी दे इजाज़त
तेरा साथ रहेगा जब तक, मिल जाए थोड़ी फ़ुरसत...

क्यों ढूँढते हैं

आफ़ताब के आशियाने मे शाम और सहर ढूँढते हैं
अजीब शख़्स होते है जो किस्सों में बहर ढूँढते हैं

कारवां की तलाश नही ख़बर नही है रहगुज़र की
बेवफ़ाओं की गलियों में हम क्यों हमसफ़र ढूँढते हैं

आँखें मूंदकर चल दिए है, ना पता कोई न ठिकाना है
वाइज़ खोजता है मंज़िल, एक हम है जो डगर ढूंढते है

उम्मीद के मारे है यारों क़िस्मत से यूं हारे हैं हम
ज़माना खोजता है अदद और हम सिफ़र ढूँढते हैं

कहे कोई नादानी इसे या फ़िर कोई कहे फ़रेब
जो चीज़ नही है जिधर क्यों हम उसे उधर ढूँढतें है

तसव्वुर

सुकून जो तसव्वुर में हैं वो हक़ीक़त में कहाँ
बात जो उस जहाँ में है वो इस जहाँ में कहाँ

हो चंद लम्हें या कुछ ख़्वाब या कहानियां
अधूरेपन मे जो कशिश है वो मुकम्मल में कहाँ

हैं नहीं सागर में समाया है मगर बूँद में
नशा जो आँखों के इन आब में है वो मय में कहाँ

ज़रा-सी बात पर यूँ खिलखिलाकर हँस देना
मासूमियत जो तिफ़्ल में है हाय वो पीरी में कहाँ

वही है ज़िंदगी जो हर लम्हा बहती ही रहे
मज़ा सफ़र में जो है यार वो मंज़िल मे कहाँ

बीती हैं जाने कितनी सदियाँ यहाँ आते-जाते
दर्द जो ठहरने में है सोचो तो गुज़रने मे कहाँ...

वहम

कायनात का सबसे बड़ा झूठ अहम है
सच क्या है यहां, सब कुछ बस वहम है

खोजे जाऊं मैं एक ठिकाना अपने लिए
हर एक मंज़र यहां कुछ नहीं, बस वहम है

इसमें या उसमें मिले मुझे शायद कल सुकूँ
एक-एक ज़र्रा मगर मेरी जां सिर्फ वहम है

कह ले तू बातें सैकड़ों अपने एक होने की
क्या मैं, क्या तू. सिर्फ और सिर्फ वहम है

बनाना चाहते हैं हम पहचान अपनी जहाँ में
कहते हैं जिसे वजूद यहां, जी हां, बस वहम है

हाल-ए-इश्क़

बेताबियों का अपनी यूं हद से गुज़र जाना
तेरा करवटें बदलना, मेरा सिलवटें हटाना

दोनों तरफ़ से ज़ाहिर होती है यूं अदाएं
तेरा चूमना नज़र से, मेरा आंखें मूंद लेना

इक दूसरे को परखे, फ़रेब की तरकीबें
तेरा 'इश्क़ इश्क़' कहना, मेरा अश्क़-अश्क़ बहना

ग़ालिब वो कह गया है, दरिया ये आग का है
आसां है बयां करना, मुश्किल मगर निभाना

मायूसियां ही हासिल होती है आशिक़ी मे
फ़िर भी तेरा बुलाना, फ़िर मेरा लौट आना

चलता रहेगा कब तक ये सिलसिला सुहाना
छोड़ो भी जानेजाना, है उम्मीद से ज़माना!

क्या करते हैं

कुछ नहीं करके भी बहुत कुछ करते हैं
ख़यालों की गलियों से हम बारहा गुज़रते हैं

बिगाड़ते हैं कभी इस क़दर बनी हुई-सी बात
फिर अपने ही किए धरे से हम जी हाँ मुकरते हैं

करती हैं क़ायनात हमें संवारने की साज़िशें
अपनी ही कोशिशों से हम लिल्लाह बिखरते हैं

इक उम्र गुज़रती है बनाते हुए पहचान
बिसरी हुई अपनी किसी पहचान से डरते हैं

जागे हुए सोते हैं, हंसते हुए रोते हैं
क्या खूब फंसे हैं के ना जीते हैं ना मरते हैं

देर से आना

देर से आना दुरुस्त हर बार नहीं होता
दम तोड़ दे लम्हें तो इंतज़ार नहीं होता

उलझने लगे जब साँसों में साँसे
रस्मों का टूटना बेकार नहीं होता

होती ना रोज़ शाम से फिर सुबह अगर
किसी को किसी पर ऐतबार नहीं होता

मायूस करती है उम्मीदें अपनी वरना
कोई भी किसी का गुनाहगार नहीं होता

आँखों की बदौलत ज़िंदा हैं मुहब्बतें
होठों से हर मर्तबा इक़रार नहीं होता

बिगाड़ दी ख़्वाहिशों ने शक्ल आईने की
वरना हर शख़्स यहां बीमार नहीं होता

तसव्वुर से नवाज़ी न होती क़ायनात तो
न होता बंदा और परवरदिगार नहीं होता

क़ैफ़ीयत

हज़ार राहे, हैं तनहा मंज़िल,
हज़ार शामिल, हैं तनहा महफ़िल
मकां के ऊपर मकां कई हैं,
मगर है मिलना घर एक मुश्किल

यहाँ ख़लिश में हैं सर्द आहें,
वहाँ तपिश में हैं सूनी बाहें
अधूरे लम्हों की बस लड़ीं हैं,
हुआ नहीं हैं हर इश्क़ क़ामिल

इधर को ख़्वाहिश के कोई आए,
उधर तमन्ना कि वो बुलाए
कहीं को कोशिश, कहीं को साज़िश,
हुई न फिर भी मुराद हासिल

इन्हें यकीं हैं तो कुछ ज़ियादा,
उन्हें भरोसा है फिर भी कम है
यहाँ हक़ीक़त वहाँ फ़साना,
है दिल सफ़ीना तो दर्द साहिल

सफर सुहाना, था ख़ूब मंज़र,
नज़र लगाई मगर ये किसने
यूँ मौत आई, यूँ मात खाई,
था यार रहज़न, यक़ीन क़ातिल

ना-क़ाबिल

जिये जाने का कोई बहाना नहीं आता
मुझे ज़िंदगी को रिझाना नहीं आता

पहनकर देखे हैं मैंने कई नक़ाब उम्र-भर
ग़मों को अपने मगर छुपाना नही आता

किताबों में पढ़े हैं कई किस्से पुर-लुत्फ़
जी बहलानेवाला कोई फ़साना नहीं आता

है मायूस मुझसे हर शख़्स मेरा अपना
क्यों मुझे कोई रिश्ता निभाना नहीं आता

जाने कब वक़्त का रुख हो मेरी तरफ
मुझे साँसों के निशाँ मिटाना नहीं आता

तूफ़ान

जिस्म की तन्हाईओं से अनजान सा है
रूह की गहराइयों में इक तूफ़ान सा है

गिर पड़ा कल चाँद का टुकड़ा कहीं
रात की बग़ावत का ये ऐलान सा है

कब रुख हवा का ले उड़े सैयाद को
ताक में बैठा परिंदा नादान सा है

रासतों पर भीड़ की है लंबी कतारें
शहर क्यों फिर भी बड़ा वीरान सा है

ढूंढा नही करते कभी सीरत को इसमें
हर आईने पर शक्ल का निशान सा है

अफ़सोस

हर मोड़ पर तो उम्र ने मुड़कर नहीं देखा
माज़ी से कभी हमने भी जुड़कर नहीं देखा

करते रहे समझौता जहाँ-भर के शोर से
अपनी ही कुछ आवाज़ों से लड़कर नहीं देखा

पढ़-लिखके कहलाए दुनिया में हम ज़हीन
हाथों की लकीरों को बस पढ़कर नहीं देखा

सोचा था सफ़र हो उनकी नज़रों से रूह तक
ख़यालों के परिंदों ने कभी उड़कर नहीं देखा

फ़िसलती रहीं हाथों से अपने ज़ीस्त रेत सी
अफ़सोस के साँसों को पकड़कर नहीं देखा

तुम याद आना

सह लूँगी मैं सावन भादों सह लूँगी मैं फागुन
बे-मौसम जब बारिश हो तब याद मुझे तुम आना

रह लूँगी मैं सहमी-सहमी, रह लूँगी मैं गुमसुम
बेमतलब की बात कहूँ तब याद मुझे तुम आना

हँसकर मिल लूँगी मैं सबसे रो भी लूँगी खुलकर
मन ही मन जब मुस्काऊँ तब याद मुझे तुम आना

हो लूँगी मैं अपनों की कभी हो लूँगी ग़ैरों की
मैं जब ख़ुदकी हो जाऊँ तब याद मुझे तुम आना

मर मिटने की कसमें खा लूँ पल पल मैं मर जाऊँ
लमहा भर जब जी पाऊँ तब याद मुझे तुम आना

हमनफ़ज़

ऐ नज़्म मेरी, इस भीड़ में इक छोटी-सी मेरी पहचान है तू
हर राह में जो डटकर हैं खड़ी मेरे साथ मेरी हमराह है तू

ऐ नज़्म मेरी, हर लफ्ज़ तेरा दे जाता है इस दिल को सुकूँ
आती-जाती, पूरी-अधूरी, हसरतों का हैं आईना तू

ऐ नज़्म मेरी, रग-रग में मेरे रज-बस जो गई वो बात है तू
लाज़िम हैं मेरी साँसों के लिए क़ुदरत की वो इनायत है तू

ऐ नज़्म मेरी, क़ासिद है तू, हमशक्ल मेरी शख़्सियत है तू
ज़हमत में भी लूँ हिदायत जिसकी, ऐसी मेरी उस्ताद है तू

ऐ नज़्म मेरी, महबूब नहीं, माशूक़ नहीं, ना दिलबर है तू,
निहायत अज़ीज़ ताहम है तू, है अहल-ओ-अयाल से बढ़कर
तू

ऐ नज़्म मेरी, तू शाद रहे, मेरे जीने का सामान है तू
महज़ लफ्ज़ नहीं, ज़बान नहीं, अलबत्ता मेरी हमनफ़ज़ है तू

मैं एक क़िताब

मैं एक क़िताब, मैं ही जिसकी मुसन्निफ़
सिमटी इस क़िताब में मेरी ज़िंदगी
कुछ ज़ाहिर कुछ नीहार..
लिखती हूँ पन्ने नए हर पल
कभी मिटाती पुराने पन्नों की लिखावट
वजह, बेवजह..
हर पन्ना नही हर किसी को मयस्सर
हर पढ़नेवाले को पढ़ती हूँ मैं
कभी सूरत, कभी सीरत से..
क़िताब के कुछ खाली पन्ने यूँही
पढ़ सुनाती हूँ ज़माने को पुर-शोर
कभी मग़रूर, कभी मजबूर होकर..
पेश करती हूँ कुछ पन्ने चुनिंदा अज़ीज़ों को
परख लेती हूँ अपनापन इसी बहाने
क़ामयाब कभी, कभी नाक़ामी से..
कुछ बेताब पन्ने रखती हूँ महफ़ूज़
बातें हैं इन पन्नोंकी बड़ी बे-तरतीब
अनसुनी सी, अनजानी सी..
शायद हैं कोई पर्चा क़िताब में अन-बना सा
सुनहरा पन्ना बनने की ख़्वाहिश लिए
साँस ले रहा, या फिर दम तोड़ता?

बरखा

नई नवेली बरखा लाई नया नवेला जीवन
आई सुहानी ऋत है देखो कैसी ये मनभावन।

नई नवेली बरखा जैसे नई नवेली दुल्हन
सजाएं अपनी आहट से ये सारा घर और आंगन।।

नई नवेली बरखा जैसे नया नवेला यौवन
जगाके मन में उम्मीदें ये दिखाए सलोने सपन।।

नई नवेली बरखा जैसे सूरज की पहली किरण
आशा का संदेसा लाए, करदें हर्षित तन और मन।।

नई नवेली बरखा जैसे प्रेम नया हो लुभावन
प्यासी चितवन को देती ये अमृत नवसंजीवन।।

लहरें

जाने कहाँ से आती हैं ये लहरें
कभी टहलती हुई, अलसायी-सी
कुछ झिझकती हुई, कुछ ललचायी-सी
आ टकराती हैं मुझसे हर दफ़े
मैं सहमी सी बैठी हूँ किनारे पर
पुकारती हैं हर मौज मुझे
कभी सरगोशियों से तो कभी पुर-शोर
मैं चाहूँ खो जाना बेहर की बाहों में लेकिन
तलातुम का ख़ौफ साहिल को पकड़े रहता है
लुभाता है किनारे का ठहराव मुझे
तो लहरों का लालच खींचा चला जाता है
साहिल से दूर...
रह गई हूँ मैं अब यहाँ चीरकर
थम क्यों नहीं जाती ये कमबख़्त लहरें
क्यों नहीं छोड़ देती अकेला किनारे को
और मुझे भी..
जाने किस मिट्टी की बनी हैं,
जाने कहाँ से उठती है ये लहरें
सुने हैं ना क़िस्से तुमने मझधार मे फंसे हुओं के
देखो तो...किनारे पर अरुझा गई हूँ मैं

कल तेरी बारी है

मौत से खेल रहा है, सुन ले
इसकी न किसी से यारी है
आज है 'उनकी' हाँ ये माना
कल तेरी भी बारी है।

ये है ऐसी बारिश जिसने
मिल जाना है सैलाब में
है ये वो आतिश के जिसको
ख़ौफ़ नहीं तेज़ाब से।

ज़हर भरा हैं दिल में तेरे
नफ़रत ही तेरी बीमारी है
सच और झूठ के इस खेल में
इंसानियत ही हारी है।

जश्न मनाता 'उन्हें' मारकर
मत तेरी क्या मारी है?
'वो' और 'ये' है फर्क ज़ुबाँ का
मौत असल में 'हमारी' है।

आज है 'उनकी' हाँ ये माना
.......कल तेरी भी बारी है।

ग़ज़ल

हमको है इश्क़ ग़ज़ल से मगर ग़ज़ल को हम भाते नहीं
क़िस्से ग़ज़ल की बेवफ़ाई के ज़माने को हम सुनाते नहीं

ढलती जाए सियाह शाम जब हो इंतज़ार सुबह का कहीं
उस उजड़े हुए मंज़र को हम लफ़्ज़ों पे अपने सजाते नहीं

रूठती जाए बाहें ख्वाहिशों की, फेर लें मुँह ख़्वाब सभी
लेकर सहारा रदीफ़ का ख्वाहिशों को हम मनाते नहीं

सिकुड़ सी जाए उमीद की लौ, साँसे भरे हर सू उदासी
महफ़ूज़ रखने आस को हम तसल्ली के दिए जलाते नहीं

होकर मजबूर गुरबत से जो भर जाती हैं आंखों में नमी
दूर बैठी ग़ज़ल को कभी हम पास अपने बुलाते नहीं

हमको हैं इश्क़ ग़ज़ल से मगर ग़ज़ल को हम भाते नहीं
क़िस्से ग़ज़ल की बेवफ़ाई के ज़माने को हम सुनाते नहीं

गुबार

टूट कर बिखर रहीं हूँ ज़िंदगी के इर्द-गिर्द
वक़्त ने दिए जो ज़ख्म ले लिए हैं सब ख़रीद
गुबार ही गुबार है नज़र सिफ़र है देखती
हर सिम्त में उफ़क तलक हसरतें हैं घेरती
साँस भर के देख लूँ मौक़ा है ये आख़री
कहे कोई तो मेरी इन कोशिशों को आफ़रीन
हिस्से तो चंद बटोर लूँ, कुछ सँवार लूँ हयात को
छेड़कर तो देख लूँ इन बदनुमा हालात को
उम्मीद की ये डोर अब हाथ से है छूटती
कोशिशों की चूड़ियाँ हथेलियों में टूटती
जंग करके देख ली है ज़िंदगी से उम्र-भर
लड़े क्या कोई मौत से, जो होश से हो बेख़बर
सफ़र किया ख़तम, हुआ कर्ज़ आखरी अदा
ज़ीस्त मेरी कह रहीं वजूद को अलविदा...

दोस्ती

हुआ क्या गर महीनों तलक़ बात नहीं होती
दोस्ती में यारों शर्त-ए-मुलाक़ात नहीं होती

लौटाए रुख़-ए-यार की हसीं तो क़ाफ़ी है
दोस्ती किसी एहसान की मोहताज नहीं होती

हर पल ज़िंदगी का होता है दोस्ती में शरीक़
ताउम्र मगर दोस्त की हमपर इनायत नहीं होती

रूठा न रहें कोई यार, ज़रूरी है बस इतना
दिन दोस्ती का मनाने की ज़रूरत बार-बार नहीं होती

कसक

मेरे दिल में जो उठती है कसक क्या वो मुनासिब है?
मेरे नाज़ुक से जज़्बात का, बता क्या तू मुहाफ़िज़ है?

मेरे होठों को जो छूती है तेरे होठों की नर्म लर्ज़िश
मेरी आरज़ू की गहराइयों की क्या तुझको तलाश है?

तेरी आँखों से जो छलकते हैं ये अल्फ़ाज़ नशीले से
मरे ख्वाबों की ख़ुश्की से बता क्या तू वाक़िफ़ है?

मुझे छूकर जो गुज़रती हैं तेरी बेताब गर्म साँसे
मेरी सर्द-सी रूह की क्या तू सुनता गुज़ारिश है?

ख़ुदगर्ज़

अहले जहाँ में ख़ुदगर्ज़ कहलाते हैं हम
हमको हर इक रोज़ याद आते हैं हम

तूफ़ान में टूटा सफ़ीना देखकर
तनहाइयों में जी को बहलाते हैं हम

उठाये माज़िरत का बोझ जो हैं थक चुके
झुके शानों को अपने खुद ही सहलाते हैं हम

मुस्कुराने का सलीक़ा सीख लें
अश्क़ों को अपने रोज़ समझाते हैं हम

हमीं हम रह गए बाक़ी न संगी ना सनम
हमीं को हमसे हर लहजा मिला करते हैं हम

जलादों बर्क़ से या तर्क कर दो जिस्म को तुम
निशाँ-ए-रूह से मक़्तल सजा जाते हैं हम

मुक़द्दर

वक़्त करता है कहर ख़्वाब बिखर जाते हैं?
ये तो बस दौर है, और दौर गुज़र जाते हैं

थे कल अज़ीज़ जो अब वादों पे हैरान से हैं?
लोग तो लोग हैं, आख़िर को मुकर जाते हैं

फ़िक्र दोज़ख़ की नहीं, क़ज़ा के मुंतज़िर हैं?
कुफ़्र की रहबरी से और किधर जाते हैं

ज़ुल्म करतीं हैं लकीरें, ज़ख़्म उभर आते हैं?
एक तदबीर से मुक़द्दर भी सँवर जाते हैं

दास्तानें

हर इक शख़्स की ख़ुशी के पैमानें अलग
सच और झूठ की अपनी दास्तानें अलग

कहीं है कोई कमीं और कहीं है बहुत
हर दिल के अपने अपने वीरानें अलग

कहीं चाह तनहाई की, कहीं महफ़िल की
जगह-जगह पे हैं देखों मयख़ाने अलग

कहीं हैं खालीपन तो कहीं आँखें बोझल
छुपे हैं हर घर में कितने तहख़ाने अलग

करें नुमाइश चीख़-चीख़ कर हर शय की
भरें बाज़ारों में सूनी खड़ी दुकानें अलग

'नसीम' कहें किसी से क्या क़ैफ़ीयत अपनी
ज़ुबान पे सबके हैं अपने अफ़साने अलग

काश ..

काश कभी ऐसा भी कोई दिन आए
मुझको मेरे होने का एहसास दिलाए
अपनी ख़ातिर ख़ुश रहना मुझे भा जाए

उनको हैरत हो नहीं मेरे आने से
इनको अचरज हो नही मेरे जाने से
पाबंदी आने-जाने पर से उठ जाए

कहे न कोई मुझसे 'हाय तेरी किस्मत'
पूरी करने दे मेरी हर नन्हीं हसरत
माथे की हर इक लक़ीर मुझसे घबराए

क़दम जहाँ रखूँ वहीं से डगर बने
बोऊँ आसूँ जहाँ, वहीं शजर बने
ख़्वाबों के सिरहाने नींद मुझे आ जाए

खिलखिलाकर फूलों सी मैं मुस्कुराऊँ
जी चाहें जब फूट फूटकर मैं रोऊँ
सिर पर रखकर हाथ कोई ना सहलाए

अधूरी

इक बेचैनी सी छा जाती है
जब नज़्म अधूरी रह जाती है

ख़याल भर आते हैं आंखों में
इक बात अधूरी रह जाती है

ख़्वाबों की बुनी छत के तले
कहीं नींद अधूरी रह जाती है

चाँद की दुल्हन बनते-बनते
ये रात अधूरी रह जाती है

हर बात भुलाने की चाहत में
एक याद अधूरी रह जाती है

जिस्म की ज़िद से बेबस होकर
कोई साँस अधूरी रह जाती है

ज़िंदा रहने की ख़्वाहिश में
मौत अधूरी रह जाती है

बेसबरी

हर तसवीर इन्सान की धुंधली सी क्यों है
कदम-कदम पर इतनी बेसबरी सी क्यों है

आख़िरी मक़ाम पर हैं इन्सानियत खड़ी
हर राह पर झूठ की रहबरी सी क्यों है

छाया हुआ है हर सूं ख़ौफ़ वहशत का
हर ज़ुबाँ पर आँखों की पहरेदारी सी क्यों है

बिखर रहा हैं जहाँ वजूद एक जन्नत का
हर मुंतज़िर के सीने में बेक़रारी सी क्यों है

सुकून की हर शम्आ क्या है बुझ गई
हर शख़्स को जुनून की बीमारी सी क्यों है

दीदार

असर उसकी शख़्सियत का यूँ छाया हुआ है
बनके नशा वो आँखों में उतर आया हुआ है

उफ़ इतनी भी जल्दी क्या हैं पलकें झुकाने की
ये पैमाना अभी अभी तो भरके लाया हुआ है

कहा उसने सुनकर दास्तान मेरे दिल की
किस्सा ये पहले भी किसी ने सुनाया हुआ है

हुई कोशिशें हज़ार हमें महफ़िल से उठाने की
बंदा ये हुज़ूर ख़ुद ख़ुदा का बुलाया हुआ है

इतनी मोहब्बत से क्यों जाम पिला रहा साक़ी
कहीं ज़हर तो नहीं इसमें मिलाया हुआ है

ख़बर नहीं उसे अभी मेरे गुज़र जाने की
दीदार के लिए ज़रा-सा जी उधार लाया हुआ है

बारिश

हर बूंद बारिश की, तुझे साथ लाती है
तेरी याद में पलकें फिर भीग जाती है

हर बार मिट्टी की, ख़ुशबू जो आती है
तेरी भीनी-भीनी सी साँसे छू जाती हैं

हर टुकड़ा बादल का, दिल चीर जाता है
तेरी नज़रों का जैसे कोई तीर चलता है

हर छोर कोहरे का, आँखों में सिमटता है
तस्वीर को तेरी धुंधली कर जाता है

हर किस्सा बारिश का, ख़्वाब दिखाता है
हर ख़्वाब में तू मेरा हिस्सा बन जाता है

साल पुराना

साल पुराना, चीज़ पुरानी
नए साल की नई कहानी
नए-नए के नए हैं तेवर
चीज़ पुरानी बड़ी सयानी

साल पुराना, डगर सुहानी
राह नए की है अनजानी
घिसा पिटा सा पुराना मंज़र
चमक नए की लुभाए धानी

साल पुराना, याद रूहानी
नए-नए की दुनिया दीवानी
खेल वक़्त का अजीब मंतर
चीज़ नई हो पल मे पुरानी

साल पुराना, बात पुरानी
नया सवेरा नई कहानी
चलो मनाएं जश्न यूँ जमकर
बीत न जाए घड़ी सुहानी

क़िस्मा

नज़र-नज़र में यूँ नज़ारा बदल जाता है
देखकर चाँद को सितारा पिघल जाता है

क़रीब आते ही यूँ धड़कनों का बढ़ जाना
कलेजा उनका भी ज़रूर मचल जाता है

निगाहों से यूँ मुस्कुराने की अदा उनकी
समझने वाले को इशारा तो मिल जाता है

सम्भलना चाहता है इश्क़ में मगर फिर भी
क़दम-क़दम पे दिल कमबख़्त फ़िसल जाता है

ज़रा-सा खेल लिया अगले ही पल बैठ गया
ये गेंद है या दिल, देखो तो, उछल जाता है

बनके अनजान गली से यूँ गुज़रना उनका
ख़ैरियत पूछने का रिवाज़ तो टल जाता है

नहीं होता

ज़हन का हर ख़याल तो बयाँ नहीं होता
शुक्र है उन्हें मेरे इरादों का गुमाँ नहीं होता

महफ़िल से चले जाना उनका यूँ दफ़अतन
धड़कने आज़माना और आसाँ नहीं होता

गूँजती है कानों मे आवाज़ उनकी हर लम्हा
लफ़्ज़ों का मगर कहीं नमोनिशाँ नहीं होता

साया ज़रा-सा उनका दे जाता है कुछ सुकून
तक़दीर में अपनी मुक़म्मल आसमाँ नहीं होता

माहताब की कशिश मे गर न उठतीं यूँ मौजें
बहर के सीने मे धड़कता तूफाँ नहीं होता

चल रहीं साँसे अब ख़्वाबों ही के दम पर
हक़ीक़त के जहां में जीने का सामां नहीं होता

इश्क़

इक़रार और इज़हार का सिलसिला
इस क़दर हो गया था मुश्क़िल
इश्क़ छुपाना हमारी आदत थी,
प्यार जताना न था उनकी फ़ितरत में

था गुफ़्तगू का हमारी अंदाज़ अलग
बात कहते-सुनते थे हम ख़ामोशी में
लबों से सुनना उनकी आदत थी
आंखों से कहना था हमारी फ़ितरत में

उम्र गुज़री हैं इक बेचैनी सी लेकर
निहार ना सकें उनके सुर्ख़ रुख़सार
पलकें झुकाना हमारी आदत थी
नज़रें चुराना था उनकी फ़ितरत में

दराज़ थी राह-ए-उल्फ़त मगर फिर भी
बयाँ न हुई हमारे दरमियाँ की हर बात
कुछ अनकही रखना उनकी आदत थी
कुछ अनसुनी कर देना था हमारी फ़ितरत में

सज़ा

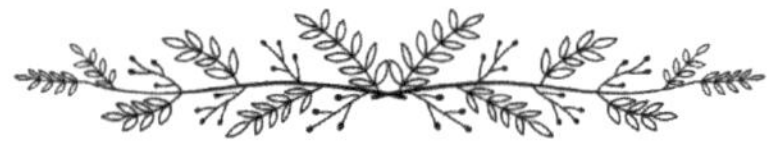

अपनी ही नज़रों में खुद को गिरा दूँ
इससे बड़ी क्या मैं खुद को सज़ा दूँ

ज़िंदा है अब तलक जो आग भीतर
बुझा दूँ उसको या मैं ज़रा-सी हवा दूँ

देती है क़समें मुझे तन्हाइयां अपनी
हो जाऊं काफ़िर या मैं उनको वफ़ा दूँ

माँगती हैं तोहफ़े मुझीसे ज़ीस्त मेरी
साँसे दूँ उसको या फिर मैं क़ज़ा दूँ

मैं

नाराज़ हूँ ख़ुद से, चाहती हूँ ख़ुद ही को चाहना मैं
हर लम्हा हर पल खोजती हूँ ख़ुद ही में इक नई मैं

मायूस करती हूँ ख़ुद को, कभी करती हूँ हैरान मैं
बिखरती हूँ मर्ज़ी से अपनी, मर्ज़ी से ही संवरती हूँ मैं

होती हूँ गुमशुदा कभी, कभी रहती हूँ तलाश में मैं
उजालों का ख़ौफ़ नहीं, पर अँधेरों में भी पनपती हूँ मैं

ख़ामोशी से हैं दोस्ती मेरी, हूँ लफ़्ज़ों की मुहाफ़िज़ मैं
लेती हूँ पनाह आँसुओं में, करती हूँ ख़ुद ही से गुफ़्तगू मैं

नहीं हूँ मुकम्मल, ना महदूद, और हूँ नहीं क़ैद मैं
दायरे में रहती तो हूँ मगर, नज़र उफ़क पे रखती हूं मैं..

खेल

किसी की जान जाए, किसीको मज़ा मिले
हाँ, खेल वही हैं जिसमें कोई सज़ा मिले

हमें आरज़ू उनकी, वो तमन्ना ग़ैर की करें
इश्क़ वही है जिसे मर मिटने की वजह मिले

सफर हो कोई भी, कहीं तो इक काफ़िला मिले
बहार में चलते-चलते जिसके संग ख़िज़ाँ मिले

खुशियों के भरोसे कहाँ ग़मों का सिलसिला चले
दर्द की इंतहा यूँ हो, की अश्क़ बेपनाह मिले

'नसीम' अंजाम-ए-इश्क़ में हमें ऐसी सज़ा मिले
चूमें ज़िंदगी को हम, तो तड़पकर गले क़ज़ा मिले

देखें

ज़िंदगी की रफ़्तार को कम करके तो देखें
उलझनों की भीड़ को क़तार करके तो देखें

खुदगर्ज़ी की लत ने निकम्मा कर दिया
किसी पर कभी जान निसार करके तो देखें

लुत्फ़ उठाए कैसे तूफ़ान का बैठ किनारे
कश्ती को मौज पर सँवार करके तो देखें

दीखता नहीं कहीं कोई सुकून भरा मंज़र
कभी चेहरे पर से नक़ाब उतार करके तो देखें

बरस रहें हैं हर सूँ रहम-ओ-कर्म के मोती
ज़रा अपने आप को शर्मसार करके तो देखें

इन दिनों

माज़ी से फ़ुरसतों में बतिया रहा है इन दिनों
लगता है दिल हमारा सठिया रहा है इन दिनों

कुछ याद करके अपनी गुस्ताखियां पुरानी
क्यों धड़कनों को ऐंवई बढ़ा रहा है इन दिनों

ख़्वाबों से खाली नींदे, नींदों की उम्र छोटी
खर्राटों से ही जी को बहला रहा है इन दिनों

अठखेलियों में गुज़री दो चार दिन जवानी
तसव्वुर को गुदगुदाता अब जी रहा है इन दिनों

लहरा रहा है सरपर पीरी का देखो परचम
ख़यालों में मगर ताज ये बनवा रहा है इन दिनों

सुबह तलक

घुल गए जो आब में ही
रह गए जो ख़्वाब बाकी
आंखों में समेट लूँ
मैं सुबह तलक तो साँस लूँ

रात की ख़ामोश आहट
भर के कानों में ज़रा-सी
उम्मीद को यूँ थाम लूँ
मैं सुबह तलक तो साँस लूँ

तम को ओढ़कर अब यूँही
रोशनी से बचके बैठूँ
आँखें अपनी मूंद लूँ
मैं सुबह तलक तो साँस लूँ

उस ओर है नवेली राह
इस छोर पहचानी डगर
लकीर डर की खींच लूँ
मैं सुबह तलक तो साँस लूँ

क़रीब आजा साथी

तेरे पास आने की तमन्ना किये हुए हैं
अब क़रीब आजा साथी, ये आँख नम हुए हैं..

एक अरसा गुज़रा हैं तेरे पहलू की ख्वाहिश में
आज भी उस महफ़ूज़ियत की ताक में बैठे हैं
अब क़रीब आजा साथी, ये आँख नम हुए हैं..

चुपके से चुरा ले तुझे दुनिया की नज़रों से
हिफाज़त भरी जगह दिल में बनाये हुए हैं
अब क़रीब आजा साथी, ये आँख नम हुए हैं..

तेरी आँखों के भंवर में पाया है साहिल
पलकों पर तेरे ही ख्वाब सजाये हुए हैं
अब क़रीब आजा साथी, ये आँख नम हुए हैं..

तुझे सीने से अपने लगाकर है रखना
सर आँखों पर तेरे नाज़ उठाये हुए हैं
अब क़रीब आजा साथी, ये आँख नम हुए हैं..

होठों से होठों को करने दे बयान
सीने में जो राज़ छुपाये हुए हैं
अब क़रीब आजा साथी, ये आँख नम हुए हैं..

हाथों की लकीरों में लिखा है साथ पलभर का
ले हाथों में हाथ वो लकीरें मिटाएँ
अब क़रीब आजा साथी, ये आँख नम हुए हैं..

आतिश-ए-इश्क़ में वजूद पिघलने लगे हैं
कर आएं सैर जन्नत की, दूर सारे ग़म हुए हैं
अब क़रीब आजा साथी, ये आँख नम हुए हैं..

छू लेने दे रूह को ए हबीब,
जिस्म से रस्मों के लिबास उतारे हुए है
अब क़रीब आजा साथी, ये आँख नम हुए हैं..

मृगतृष्णा

घाट-घाट कर लिया बसेरा
चखा घट-घट का जल सारा
घूंट-घूंट में रस को पाया
मौका कोई किया न ज़ाया
प्यास ये क्यों कर नही मिटती
बुझते-बुझते फिर से सुलगती
न होता इसपर विष का असर
न अमृत से पूरा हो सफ़र
कहीं सागर में सींपी प्यासी
कहीं नदिया सागर की प्यासी
प्यासे काम क्रोध और लोभ भी
प्यासे मत्सर मद और मोह भी
जिस्म भी ज़हन भी इसमें शामिल
रूह का मक़सद हुआ न क़ामिल
सारे जग की तृष्णा है यह
अनंत है अविनाशी है यह
हाँ, अशांत मृगतृष्णा ही है यह…

अनकहे जज़्बात

जिस्म की सरहदों से परे है रूह का बसेरा
महफ़ूज़ है इन सरहदों में राज़ एक गहरा
गुज़रकर मेरे जिस्म की गलियों से इक रोज़
दरवाज़ा उस राज़ का ऐ दीवाने ज़रा खोज
गलियां जो शायद गुज़रे तेरी राहों से होकर
कर दे आबाद इन्हें तू अपने होंठों से छूकर
रेज़ा-रेज़ा तन का मेरे फिर जब जाए पिघल
उंगलियों से तेरी कहीं राज़ न जाए फ़िसल
फ़ना करके आज जिस्म की सरहदों को तू
कर दे वाकिफ़ अब मुझीको मेरी रूह से तू
आ मेरे अज़ीज़ तू मेरा हमराज़ बन जा
मेरे अनकहे जज़्बात के तू अल्फ़ाज़ बन जा

चाह

जाने कहाँ से आती है ये चाह
किसी को छूने की,
किसी से छुए जाने की...
किसी पे खुद को लुटा देने की,
कभी लुट जाने की
लगाती है ये दुनिया आख़िर
इल्ज़ाम ज़िस्म पर ही क्यों
आदत ही हैं ज़हन को
जिस्म से बात अपनी मनवाने की

पहेली

रात-दिन इक पहेली है
नींद ही एक सहेली है

माथे पर है लकीरें कई
कोरी अपनी हथेली है

भीड़ लगी है सितारों की
रात क्यों इतनी अकेली है

सिलसिलों में मौत की
क्या होती ज़ीस्त नवेली है